全国计算机技术与软件专业技术资格(水平)考试指定用书

信息系统项目管理师考试大纲

全国计算机专业技术资格考试办公室 编

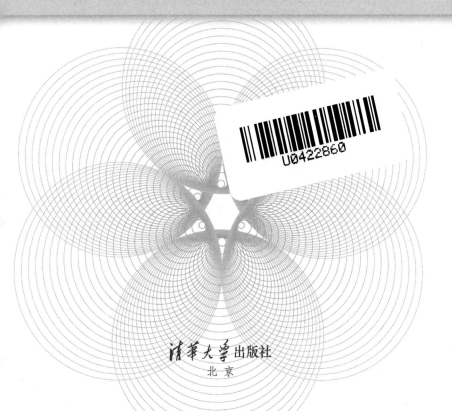

清华大学出版社
北京

内 容 简 介

本书是全国计算机专业技术资格考试办公室编写的信息系统项目管理师考试大纲（2022年审定通过）。本书还包括人力资源和社会保障部、工业和信息化部的有关文件以及考试简介。

信息系统项目管理师考试大纲是针对全国计算机技术与软件专业技术资格（水平）考试的高级资格制定的。通过本考试的考生，可被用人单位择优聘任为高级工程师。

本书封面贴有清华大学出版社防伪标签，无标签者不得销售。
版权所有，侵权必究。举报：010-62782989，beiqinquan@tup.tsinghua.edu.cn。

图书在版编目(CIP)数据

信息系统项目管理师考试大纲 / 全国计算机专业技术资格考试办公室编. —北京：清华大学出版社，2023.1（2025.4重印）
全国计算机技术与软件专业技术资格（水平）考试指定用书
ISBN 978-7-302-62436-3

Ⅰ.①信… Ⅱ.①全… Ⅲ.①信息系统－项目管理－资格考试－考试大纲 Ⅳ.①G202-41

中国版本图书馆CIP数据核字(2022)第257977号

责任编辑： 杨如林
封面设计： 杨玉兰
责任校对： 徐俊伟
责任印制： 刘　菲

出版发行： 清华大学出版社
　　　网　　址： https://www.tup.com.cn, https://www.wqxuetang.com
　　　地　　址： 北京清华大学学研大厦A座　　**邮　　编：** 100084
　　　社 总 机： 010-83470000　　**邮　　购：** 010-62786544
　　　投稿与读者服务： 010-62776969，c-service@tup.tsinghua.edu.cn
　　　质量反馈： 010-62772015，zhiliang@tup.tsinghua.edu.cn
印 装 者： 北京同文印刷有限责任公司
经　　销： 全国新华书店
开　　本： 130mm×185mm　　**印　张：** 1.375　　**字　数：** 31千字
版　　次： 2023年3月第1版　　**印　次：** 2025年4月第6次印刷
定　　价： 15.00元

产品编号：099829-01

前　言

全国计算机技术与软件专业技术资格（水平）考试（以下简称"计算机软件考试"）是国家人力资源和社会保障部、工业和信息化部联合组织实施的专业技术资格考试，其目的是科学、公正地对全国计算机技术与软件专业技术人员进行职业资格和专业技术水平测试。计算机软件考试包括了计算机软件、计算机网络、计算机应用、信息系统、信息服务5个专业领域，初级资格（技术员/助理工程师）、中级资格（工程师）、高级资格（高级工程师）3个级别层次以及27个专业技术资格。根据信息技术产业发展迅速及信息技术人才年轻化的特点，为了不拘一格选拔人才，报考计算机软件考试不限学历与资历条件。

目前，软件设计师、程序员、网络工程师、数据库系统工程师、系统分析师、系统架构设计师和信息系统项目管理师考试标准实现了中国与日本互认，程序员和软件设计师考试标准实现了中国与韩国互认。

计算机软件考试的考试大纲（考试标准）是由全国计算机专业技术资格考试办公室组织了全国相关企业、研究所、高校的专家，通过调研大量企业的相应专业技术岗位，参考国际先进的考试标准，逐步提炼，反复讨论并达成共识，形成了专业技术人员的知识和能力与岗位相适应的考试标准。

参加计算机软件考试并取得相应级别资格证书，纳入全国专业技术人员职业资格证书制度统一规划，是各用人单位聘用计算机技术与软件专业系列专业技术职务的前提。通过考试获得证书的人员，表明其已具备从事相应专业岗位工作的水平和能力，用人单位可根据工作需要从获得证书的人员中择优聘任相应专业技术职务。取得初级资格可聘任技术员或助理工程师职务；取得中级资格可聘任工程师职务；取得高级资格可聘任高级工程师职务。

计算机软件考试的其他信息详见中国计算机技术职业资格网（www.ruankao.org.cn）。

编　者
2022年10月

人 事 部
信 息 产 业 部 文件

国人部发〔2003〕39号

关于印发《计算机技术与软件专业技术资格（水平）考试暂行规定》和《计算机技术与软件专业技术资格（水平）考试实施办法》的通知

各省、自治区、直辖市人事厅（局）、信息产业厅（局），国务院各部委、各直属机构人事部门，中央管理的企业：

  为适应国家信息化建设的需要，规范计算机技术与软件专业人才评价工作，促进计算机技术与软件专业人才队伍建设，人事部、信息产业部在总结计算机软件专业资格和水平考试实施情况的基础上，重新修订了计算机软件专业资格和水平考试有关规定。现将《计算机技术与软件专业技术资格（水平）考试暂行规定》和《计算机技术与软件专业技术资格（水平）考试实施办法》

印发给你们，请遵照执行。

自 2004 年 1 月 1 日起，人事部、原国务院电子信息系统推广应用办公室发布的《关于印发〈中国计算机软件专业技术资格和水平考试暂行规定〉的通知》（人职发〔1991〕6 号）和人事部《关于非在职人员计算机软件专业技术资格证书发放问题的通知》（人职发〔1994〕9 号）即行废止。

中华人民共和国　　中华人民共和国
　人　事　部　　　信 息 产 业 部

二〇〇三年十月十八日

计算机技术与软件专业技术资格（水平）考试暂行规定

第一条 为适应国家信息化建设的需要，加强计算机技术与软件专业人才队伍建设，促进我国计算机应用技术和软件产业的发展，根据国务院《振兴软件产业行动纲要》以及国家职业资格证书制度的有关规定，制定本规定。

第二条 本规定适用于社会各界从事计算机应用技术、软件、网络、信息系统和信息服务等专业技术工作的人员。

第三条 计算机技术与软件专业技术资格（水平）考试（以下简称计算机专业技术资格（水平）考试），纳入全国专业技术人员职业资格证书制度统一规划。

第四条 计算机专业技术资格（水平）考试工作由人事部、信息产业部共同负责，实行全国统一大纲、统一试题、统一标准、统一证书的考试办法。

第五条 人事部、信息产业部根据国家信息化建设和信息产业市场需求，设置并确定计算机专业技术资格（水平）考试专业类别和资格名称。

计算机专业技术资格（水平）考试级别设置：初级资格、中级资格和高级资格3个层次。

第六条 信息产业部负责组织专家拟订考试科目、考试大纲和命题，研究建立考试试题库，组织实施考试工作和统筹规划培训等有关工作。

第七条 人事部负责组织专家审定考试科目、考试大纲和试题，会同信息产业部对考试进行指导、监督、检查，确定合格标准。

第八条 凡遵守中华人民共和国宪法和各项法律，恪守职业道德，具有一定计算机技术应用能力的人员，均可根据本人情况，报名参加相应专业类别、级别的考试。

第九条 计算机专业技术资格（水平）考试合格者，由各省、自治区、直辖市人事部门颁发人事部统一印制，人事部、信息产业部共同用印的《中华人民共和国计算机专业技术资格（水平）证书》。该证书在全国范围有效。

第十条 通过考试并获得相应级别计算机专业技术资格（水平）证书的人员，表明其已具备从事相应专业岗位工作的水平和能力，用人单位可根据《工程技术人员职务试行条例》有关规定和工作需要，从获得计算机专业技术资格（水平）证书的人员中择优聘任相应专业技术职务。

取得初级资格可聘任技术员或助理工程师职务；取

得中级资格可聘任工程师职务；取得高级资格可聘任高级工程师职务。

第十一条 计算机专业技术资格（水平）实施全国统一考试后，不再进行计算机技术与软件相应专业和级别的专业技术职务任职资格评审工作。

第十二条 计算机专业技术资格（水平）证书实行定期登记制度，每3年登记一次。有效期满前，持证者应按有关规定到信息产业部指定的机构办理登记手续。

第十三条 申请登记的人员应具备下列条件：

（一）取得计算机专业技术资格（水平）证书；

（二）职业行为良好，无犯罪记录；

（三）身体健康，能坚持本专业岗位工作；

（四）所在单位考核合格。

再次登记的人员，还应提供接受继续教育或参加业务技术培训的证明。

第十四条 对考试作弊或利用其他手段骗取《中华人民共和国计算机专业技术资格（水平）证书》的人员，一经发现，即行取消其资格，并由发证机关收回证书。

第十五条 获准在中华人民共和国境内就业的外籍人员及港、澳、台地区的专业技术人员，可按照国家有关政策规定和程序，申请参加考试和办理登记。

第十六条 在本规定施行日前，按照《中国计算机软件专业技术资格和水平考试暂行规定》（人职发〔1991〕6号）参加考试并获得人事部印制、人事部和信息产业部共同印制的《中华人民共和国专业技术资格证书》（计算机软件初级程序员、程序员、高级程序员资格）和原中国计算机软件专业技术资格（水平）考试委员会统一印制的《计算机软件专业水平证书》的人员，其资格证书和水平证书继续有效。

第十七条 本规定自2004年1月1日起施行。

计算机技术与软件专业技术资格（水平）考试实施办法

第一条 计算机技术与软件专业技术资格（水平）考试（以下简称计算机专业技术资格（水平）考试）在人事部、信息产业部的领导下进行，两部门共同成立计算机专业技术资格（水平）考试办公室（设在信息产业部），负责计算机专业技术资格（水平）考试实施和日常管理工作。

第二条 信息产业部组织成立计算机专业技术资格（水平）考试专家委员会，负责考试大纲的编写、命题、建立考试试题库。

具体考务工作由信息产业部电子教育中心（原中国计算机软件考试中心）负责。各地考试工作由当地人事行政部门和信息产业行政部门共同组织实施，具体职责分工由各地协商确定。

第三条 计算机专业技术资格（水平）考试原则上每年组织两次，在每年第二季度和第四季度举行。

第四条 根据《计算机技术与软件专业技术资格（水平）考试暂行规定》（以下简称《暂行规定》）第五

条规定，计算机专业技术资格（水平）考试划分为计算机软件、计算机网络、计算机应用技术、信息系统和信息服务 5 个专业类别，并在各专业类别中分设了高、中、初级专业资格考试，详见《计算机技术与软件专业技术资格（水平）考试专业类别、资格名称和级别层次对应表》（附后）。人事部、信息产业部将根据发展需要适时调整专业类别和资格名称。

考生可根据本人情况选择相应专业类别、级别的专业资格（水平）参加考试。

第五条 高级资格设：综合知识、案例分析和论文 3 个科目；中级、初级资格均设：基础知识和应用技术 2 个科目。

第六条 各级别考试均分 2 个半天进行。

高级资格综合知识科目考试时间为 2.5 小时，案例分析科目考试时间为 1.5 小时、论文科目考试时间为 2 小时。

初级和中级资格各科目考试时间均为 2.5 小时。

第七条 计算机专业技术资格（水平）考试根据各级别、各专业特点，采取纸笔、上机或网络等方式进行。

第八条 符合《暂行规定》第八条规定的人员，由本人提出申请，按规定携带身份证明到当地考试管理机构报名，领取准考证。凭准考证、身份证明在指定的时间、地点参加考试。

第九条 考点原则上设在地市级以上城市的大、中专院校或高考定点学校。

中央和国务院各部门所属单位的人员参加考试,实行属地化管理原则。

第十条 坚持考试与培训分开的原则,凡参与考试工作的人员,不得参加考试及与考试有关的培训。

应考人员参加培训坚持自愿的原则。

第十一条 计算机专业技术资格(水平)考试大纲由信息产业部编写和发行。任何单位和个人不得盗用信息产业部名义编写、出版各种考试用书和复习资料。

第十二条 为保证培训工作健康有序进行,由信息产业部统筹规划培训工作。承担计算机专业技术资格(水平)考试培训的机构,应具备师资、场地、设备等条件。

第十三条 计算机专业技术资格(水平)考试、登记、培训及有关项目的收费标准,须经当地价格行政部门核准,并向社会公布,接受群众监督。

第十四条 考务管理工作要严格执行考务工作的有关规章和制度,切实做好试卷的命制、印刷、发送和保管过程中的保密工作,遵守保密制度,严防泄密。

第十五条 加强对考试工作的组织管理,认真执行考试回避制度,严肃考试工作纪律和考场纪律。对弄虚作假等违反考试有关规定者,要依法处理,并追究当事人和有关领导的责任。

附表（已按国人厅发〔2007〕139号文件更新）

计算机技术与软件专业技术资格（水平）考试专业类别、资格名称和级别对应表

资格名称 \ 专业类别 \ 级别层次	计算机软件	计算机网络	计算机应用技术	信息系统	信息服务
高级资格	\multicolumn{5}{c}{·信息系统项目管理师 ·系统分析师 ·系统架构设计师 ·网络规划设计师 ·系统规划与管理师}				
中级资格	·软件评测师 ·软件设计师 ·软件过程能力评估师	·网络工程师	·多媒体应用设计师 ·嵌入式系统设计师 ·计算机辅助设计师 ·电子商务设计师	·系统集成项目管理工程师 ·信息系统监理师 ·信息安全工程师 ·数据库系统工程师 ·信息系统管理工程师	·计算机硬件工程师 ·信息技术支持工程师
初级资格	·程序员	·网络管理员	·多媒体应用制作技术员 ·电子商务技术员	·信息系统运行管理员	·网页制作员 ·信息处理技术员

主题词：专业技术人员 考试 规定 办法 通知

抄送：党中央各部门、全国人大常委会办公厅、全国政
　　　协办公厅、国务院办公厅、高法院、高检院、解
　　　放军各总部。

人事部办公厅	2003年10月27日印发

全国计算机软件考试办公室文件

软考办〔2005〕1号

关于中日信息技术考试标准互认
有关事宜的通知

各地计算机软件考试实施管理机构：

为进一步加强我国信息技术人才培养和选拔的标准化，促进国际间信息技术人才的流动，推动中日两国信息技术的交流与合作，信息产业部电子教育中心与日本信息处理技术人员考试中心，分别受信息产业部、人事部和日本经济产业省委托，就中国计算机技术与软件专业技术资格（水平）考试与日本信息处理技术人员考试（以下简称中日信息技术考试）的考试标准，于2005年3月3日再次签署了《关于中日信息技术考试标准互认的协议》，在2002年签署的互认协议的基础上增加了网络工程师和数据库系统工程师的互认。现就中日信息技术考试标准互认中的有关事宜内容通知如下：

一、中日信息技术考试标准互认的级别如下：

中国的考试级别 （考试大纲）	日本的考试级别 （技能标准）
系统分析师	系统分析师 项目经理 应用系统开发师
软件设计师	软件开发师
网络工程师	网络系统工程师
数据库系统工程师	数据库系统工程师
程序员	基本信息技术师

二、采取灵活多样的方式，加强对中日信息技术考试标准互认的宣传，不断扩大考试规模，培养和选拔更多的信息技术人才，以适应日益增长的社会需求。

三、根据国内外信息技术的迅速发展，继续加强考试标准的研究与更新，提高考试质量，进一步树立考试的品牌。

四、鼓励相关企业以及研究、教育机构，充分利用中日信息技术考试标准互认的新形势，拓宽信息技术领域国际交流合作的渠道，开展多种形式的国际交流与合作活动，发展对日软件出口。

五、以中日互认的考试标准为参考，引导信息技术领域的职业教育、继续教育改革，使其适应新形势下的职业岗位实际工作要求。

二〇〇五年三月八日

全国计算机软件考试办公室文件

软考办〔2006〕2号

关于中韩信息技术考试标准互认的通知

各地计算机软件考试实施管理机构:

为进一步加强我国信息技术人才培养和选拔的标准化,促进国际间信息技术人才的流动,推动中韩两国信息技术的交流与合作,信息产业部电子教育中心与韩国人力资源开发服务中心,分别受中国信息产业部、人事部和韩国信息与通信部委托,就中国计算机技术与软件专业技术资格(水平)考试与韩国信息处理技术人员考试(以下简称中韩信息技术考试)的考试标准,于2006年1月19日签署了《关于中韩信息技术考试标准互认的协议》。现就有关事项通知如下:

一、中韩信息技术考试标准互认的级别如下:

中国的考试级别 (考试大纲)	韩国的考试级别 (技能标准)
软件设计师	信息处理工程师
程序员	信息处理产业工程师

二、应采取灵活多样的方式，加强对中韩信息技术考试标准互认的宣传，不断扩大考试规模，培养和选拔更多的信息技术人才，以适应日益增长的社会需求。

三、应根据国内外信息技术的高速发展，继续加强考试标准的研究与更新，提高考试质量，进一步树立考试的品牌。

四、应鼓励相关企业以及研究、教育机构，充分利用中韩信息技术考试标准互认的新形势，拓宽信息技术领域国际交流与合作的渠道，开展多种形式的国际交流与合作活动。

五、以中韩互认的考试标准为参考，积极引导信息技术领域的职业教育与继续教育改革，使其适应新形势下的职业岗位实际工作要求。

计算机技术与软件专业技术资格（水平）考试办公室
二〇〇六年二月二十八日

信息系统项目管理师考试大纲

一、考试说明

1. 考试目标

通过本考试的合格人员具备管理信息系统项目的能力,特别是管理大型项目和多个项目的能力,具备实施组织级项目管理的能力。

能够全面理解信息化的建设与发展、信息技术及其应用创新、信息安全的相关知识、信息系统的治理与管理及工程方法,能够体系化管控信息系统全生命周期的关键过程;能够全面掌握信息系统项目管理理论知识体系,熟练运用相关知识、技能和方法,针对信息系统项目进行前期论证和规划,制订切实可行的项目计划,对项目实施进行及时、有效监控,确保项目在多重约束下实现预期的目标和业务价值;能够综合运用项目集管理(大型项目管理)、项目组合管理、组织级项目管理的相关知识和技能,管理复杂项目、大型项目和多项目;能够综合运用信息化领域的专业管理知识、组织治理及管理知识、法律法规,满足组织信息化工作的管理要求。

通过本考试的合格人员具备高级工程师的工作能力和管理水平,能够有效指导系统集成项目管理工程师的工作。

2. 考试要求

(1)熟悉信息化基础知识,了解我国信息化发展的相关政策、战略、新模式和新概念；

（2）熟悉信息系统技术的知识及其应用创新；

（3）熟悉信息系统治理与管理的专业知识及主要方法；

（4）掌握信息系统相关工程的建设实施方法和模型；

（5）掌握信息系统项目管理的核心知识；

（6）掌握信息系统大型项目管理、多项目管理、组织级项目管理方面的知识；

（7）了解管理科学、组织通用治理和管理的专业知识；

（8）熟悉信息系统项目管理的相关标准及法律法规；

（9）熟悉信息系统项目管理师相关职业道德要求；

（10）熟练阅读和正确理解相关领域的英文资料。

3．考试科目设置

（1）信息系统项目管理综合知识，考试时间为 150 分钟，笔试，选择题；

（2）信息系统项目管理知识应用分析（案例分析），考试时间为 90 分钟，笔试，论述题；

（3）信息系统项目管理知识综合运用论述（论文），考试时间为 120 分钟，笔试，作文题。

二、考 试 范 围

考试科目 1：信息系统项目管理综合知识

根据信息系统项目管理师需要了解、熟悉和掌握的知识范围，主要涉及如下内容：

1. 信息化发展

1.1 信息与信息化

- 1.1.1 信息
- 1.1.2 信息系统
- 1.1.3 信息化
- 1.2 现代化基础设施
  - 1.2.1 新型基础设施建设
  - 1.2.2 工业互联网
  - 1.2.3 车联网
- 1.3 现代化创新发展
  - 1.3.1 农业农村现代化
  - 1.3.2 两化融合与智能制造
  - 1.3.3 消费互联网
- 1.4 数字中国
  - 1.4.1 数字经济
  - 1.4.2 数字政府
  - 1.4.3 数字社会
  - 1.4.4 数字生态
- 1.5 数字化转型与元宇宙
  - 1.5.1 数字化转型
  - 1.5.2 元宇宙

2. 信息技术发展
- 2.1 信息技术及其发展
  - 2.1.1 计算机软硬件
  - 2.1.2 计算机网络
  - 2.1.3 存储和数据库
  - 2.1.4 信息安全
  - 2.1.5 信息技术的发展
- 2.2 新一代信息技术及应用

- 2.2.1 物联网
- 2.2.2 云计算
- 2.2.3 大数据
- 2.2.4 区块链
- 2.2.5 人工智能
- 2.2.6 虚拟现实

3. 信息系统治理
   - 3.1 IT 治理
     - 3.1.1 IT 治理基础
     - 3.1.2 IT 治理体系
     - 3.1.3 IT 治理任务
     - 3.1.4 IT 治理方法与标准
   - 3.2 IT 审计
     - 3.2.1 IT 审计基础
     - 3.2.2 审计方法与技术
     - 3.2.3 审计流程
     - 3.2.4 审计内容

4. 信息系统管理
   - 4.1 管理方法
     - 4.1.1 管理基础
     - 4.1.2 规划和组织
     - 4.1.3 设计和实施
     - 4.1.4 运维和服务
     - 4.1.5 优化和持续改进
   - 4.2 管理要点
     - 4.2.1 数据管理
     - 4.2.2 运维管理

4.2.3 信息安全管理
5. **信息系统工程**
   5.1 软件工程
      5.1.1 架构设计
      5.1.2 需求分析
      5.1.3 软件设计
      5.1.4 软件实现
      5.1.5 部署交付
      5.1.6 过程管理
   5.2 数据工程
      5.2.1 数据建模
      5.2.2 数据标准化
      5.2.3 数据运维
      5.2.4 数据开发利用
      5.2.5 数据库安全
   5.3 系统集成
      5.3.1 集成基础
      5.3.2 网络集成
      5.3.3 数据集成
      5.3.4 软件集成
      5.3.5 应用集成
   5.4 安全工程
      5.4.1 工程概述
      5.4.2 安全系统
      5.4.3 工程基础
      5.4.4 工程体系架构

6. 项目管理概论
　6.1　PMBOK 的发展
　6.2　项目基本要素
　　6.2.1　项目基础
　　6.2.2　项目管理的重要性
　　6.2.3　项目成功的标准
　　6.2.4　项目、项目集、项目组合和运营管理之间的关系
　　6.2.5　项目内外部运行环境
　　6.2.6　组织系统
　　6.2.7　项目管理和产品管理
　6.3　项目经理的角色
　　6.3.1　项目经理的定义
　　6.3.2　项目经理的影响力范围
　　6.3.3　项目经理的能力
　6.4　价值驱动的项目管理知识体系
　　6.4.1　项目管理原则
　　6.4.2　项目生命周期和项目阶段
　　6.4.3　项目管理过程组
　　6.4.4　项目管理知识领域
　　6.4.5　项目绩效域
　　6.4.6　价值交付系统

7. 项目立项管理
　7.1　项目建议与立项申请
　7.2　项目可行性研究
　　7.2.1　可行性研究的内容
　　7.2.2　初步可行性研究

        7.2.3 详细可行性研究
    7.3 项目评估与决策
8. 项目整合管理
    8.1 管理基础
        8.1.1 执行整合
        8.1.2 整合的复杂性
        8.1.3 管理新实践
        8.1.4 项目管理计划和项目文件
    8.2 项目整合管理过程
    8.3 制定项目章程
    8.4 制订项目管理计划
    8.5 指导与管理项目工作
    8.6 管理项目知识
    8.7 监控项目工作
    8.8 实施整体变更控制
    8.9 结束项目或阶段
9. 项目范围管理
    9.1 管理基础
        9.1.1 产品范围和项目范围
        9.1.2 管理新实践
    9.2 项目范围管理过程
    9.3 规划范围管理
    9.4 收集需求
    9.5 定义范围
    9.6 创建 WBS
    9.7 确认范围
    9.8 控制范围

10. **项目进度管理**
    10.1 管理基础
        10.1.1 项目进度计划的定义和总要求
        10.1.2 管理新实践
    10.2 项目进度管理过程
    10.3 规划进度管理
    10.4 定义活动
    10.5 排列活动顺序
    10.6 估算活动持续时间
    10.7 制订进度计划
    10.8 控制进度

11. **项目成本管理**
    11.1 管理基础
        11.1.1 重要性和意义
        11.1.2 相关术语和定义
        11.1.3 管理新实践
    11.2 项目成本管理过程
    11.3 规划成本管理
    11.4 估算成本
    11.5 制定预算
    11.6 控制成本

12. **项目质量管理**
    12.1 管理基础
        12.1.1 质量与项目质量
        12.1.2 质量管理
        12.1.3 质量管理标准体系
        12.1.4 管理新实践

- 12.2 项目质量管理过程
- 12.3 规划质量管理
- 12.4 管理质量
- 12.5 控制质量

13. 项目资源管理
- 13.1 管理基础
  - 13.1.1 相关术语和定义
  - 13.1.2 管理新实践
- 13.2 项目资源管理过程
- 13.3 规划资源管理
- 13.4 估算活动资源
- 13.5 获取资源
- 13.6 建设团队
- 13.7 管理团队
- 13.8 控制资源

14. 项目沟通管理
- 14.1 管理基础
  - 14.1.1 沟通
  - 14.1.2 沟通模型
  - 14.1.3 沟通分类
  - 14.1.4 沟通技巧
  - 14.1.5 管理新实践
- 14.2 项目沟通管理过程
- 14.3 规划沟通管理
- 14.4 管理沟通
- 14.5 监督沟通

15. **项目风险管理**
    15.1 管理基础
        15.1.1 项目风险概述
        15.1.2 风险的属性
        15.1.3 风险的分类
        15.1.4 风险成本及其负担
        15.1.5 管理新实践
    15.2 项目风险管理过程
    15.3 规划风险管理
    15.4 识别风险
    15.5 实施定性风险分析
    15.6 实施定量风险分析
    15.7 规划风险应对
    15.8 实施风险应对
    15.9 监督风险
    15.10 风险管理示例
16. **项目采购管理**
    16.1 管理基础
        16.1.1 协议/采购合同
        16.1.2 管理新实践
    16.2 项目采购管理过程
    16.3 规划采购管理
    16.4 实施采购
    16.5 控制采购
    16.6 项目合同管理
        16.6.1 合同的类型
        16.6.2 合同的内容

  16.6.3 合同管理过程

17. 项目干系人管理
 17.1 管理基础
  17.1.1 管理的重要性
  17.1.2 管理新实践
 17.2 项目干系人管理过程
 17.3 识别干系人
 17.4 规划干系人参与
 17.5 管理干系人参与
 17.6 监督干系人参与

18. 项目绩效域
 18.1 干系人绩效域
 18.2 团队绩效域
 18.3 开发方法和生命周期绩效域
 18.4 规划绩效域
 18.5 项目工作绩效域
 18.6 交付绩效域
 18.7 度量绩效域
 18.8 不确定性绩效域

19. 配置与变更管理
 19.1 配置管理
  19.1.1 管理基础
  19.1.2 角色与职责
  19.1.3 目标与方针
  19.1.4 管理活动
 19.2 变更管理
  19.2.1 管理基础

     19.2.2 管理原则
     19.2.3 角色与职责
     19.2.4 工作程序
     19.2.5 变更控制
     19.2.6 版本发布和回退计划
  19.3 项目文档管理
     19.3.1 管理基础
     19.3.2 规则和方法

20. **高级项目管理**
  20.1 项目集管理
     20.1.1 项目集管理标准
     20.1.2 项目集管理角色和职责
     20.1.3 项目集管理绩效域
  20.2 项目组合管理
     20.2.1 项目组合管理标准
     20.2.2 项目组合管理角色和职责
     20.2.3 项目组合管理绩效域
  20.3 组织级项目管理
     20.3.1 组织级项目管理标准
     20.3.2 业务价值与业务评估
     20.3.3 OPM 框架要素
     20.3.4 OPM 成熟度模型
  20.4 量化项目管理
     20.4.1 量化管理理论及应用
     20.4.2 组织级量化管理
     20.4.3 项目级量化管理
  20.5 项目管理实践模型

       20.5.1   CMMI 模型

       20.5.2   PRINCE2 模型

21. 项目管理科学基础

  21.1   工程经济学

       21.1.1   资金的时间价值与等值计算

       21.1.2   项目经济评价

  21.2   运筹学

       21.2.1   线性规划

       21.2.2   运输问题

       21.2.3   指派问题

       21.2.4   动态规划

       21.2.5   图与网络

       21.2.6   博弈论

       21.2.7   决策分析

22. 组织通用治理

  22.1   组织战略

       22.1.1   组织战略要点

       22.1.2   组织定位

       22.1.3   组织环境分析

       22.1.4   组织能力确认

       22.1.5   创新和改进

  22.2   绩效考核

       22.2.1   绩效计划

       22.2.2   绩效实施

       22.2.3   绩效治理

       22.2.4   绩效评估

       22.2.5   绩效评价结果反馈

  22.2.6 绩效评价结果应用
22.3 转型升级
  22.3.1 战略转型升级
  22.3.2 数字化转型实施

23. 组织通用管理

23.1 人员管理
  23.1.1 人力资源管理基础
  23.1.2 工作分析与岗位设计
  23.1.3 人力资源战略与计划
  23.1.4 人员招聘与录用
  23.1.5 人员培训
  23.1.6 组织薪酬管理
  23.1.7 人员职业规划与管理
23.2 流程管理
  23.2.1 流程基础
  23.2.2 流程规划
  23.2.3 流程执行
  23.2.4 流程评价
  23.2.5 流程持续改进
23.3 知识管理
  23.3.1 知识管理基础
  23.3.2 知识价值链
  23.3.3 显性知识与隐性知识
  23.3.4 知识管理过程
  23.3.5 知识协同与创新
  23.3.6 知识传播与服务
23.4 市场营销

23.4.1 营销基础
23.4.2 营销环境
23.4.3 营销分析
23.4.4 营销管控

24. 法律法规与标准规范
24.1 法律法规
24.1.1 民法典（合同编）
24.1.2 招标投标法
24.1.3 政府采购法
24.1.4 专利法
24.1.5 著作权法
24.1.6 商标法
24.1.7 网络安全法
24.1.8 数据安全法
24.2 标准规范
24.2.1 系统与软件工程标准
24.2.2 新一代信息技术标准
24.2.3 信息技术服务标准

25. 职业道德规范

26. 专业英语
26.1 掌握本领域的英语词汇
26.2 具备高级工程师所要求的英语阅读水平

考试科目2：信息系统项目管理知识应用分析（案例分析）

根据试题给定的案例分析场景，应用信息系统项目管理知识对案例场景进行分析，得到相应的结论或给出建议。案例分析基于信息系统项目管理师需要熟悉和掌握的知识范围展开，涉及内容包括："考试科目 1：信息系统项目管理综合知识"中"3.信息系统治理"至"20.高级项目管理"，以及"24.法律法规与标准规范"和"25.职业道德规范"。

考试科目 3：信息系统项目管理知识综合运用论述（论文）

根据试卷上给出的论文题目，选择其中一个题目，按照规定的要求撰写论文。论文基于信息系统项目管理师需要掌握的知识范围展开，涉及内容包括"考试科目 1：信息系统项目管理综合知识"中"5.信息系统工程"至"20.高级项目管理"的内容。

三、题型举例

(一)**选择题**

1. 以下关于信息的理解，不正确的是 __(1)__ 。
(1) A. 信息是客观事物在人大脑中的反映，而每个人对信息的理解是有差异的，因此信息具有主观性
 B. 不同的认识主体从同一事物中获取的信息及信息量可能是不同的，因此信息具有相对性
 C. 信息可以表示为一种集合，不同类别的信息可以形成不同的整体，可以形成与现实世界相对应的信息系统，因此信息具有系统性
 D. 信息的产生不能没有物质，信息的传递不能没有能量，但有效地使用信息，可以将信息转化为物质或能量，信息具有转化性

2. 一般来说变更控制流程的作用不包括__(2)__。

(2) A．列出要求变更的手续

B．记录要求变更的事项

C．描述管理层对变更的影响

D．确定要批准还是否决变更请求

3．某企业要投产一种新产品，生产方案有四个：A 新建全自动生产线；B 新建半自动生产线；C 购置旧生产设备；D 外包加工生产。未来该产品的销售前景估计为很好、一般和较差三种。不同情况下该产品的收益值如下（单位：亿元）：

	销路很好	销路一般	销路较差
A	8	2	−3
B	6	2.5	−1.5
C	4.5	2	−1
D	3	1	−0.2

用后悔值（在同样的条件下，选错方案所产生的收益损失值）的方法决策，应该选__(3)__方案。

(3) A．新建全自动生产线　　B．新建半自动生产线

C．购置旧生产设备　　　D．外包加工生产

4．__(4)__ is one of the tools and techniques of SequenceActivities.

(4) A．Decomposition

B．Fishbone Diagram

C．Precedence Diagramming Method

D．Expert Judgment

（二）案例分析题

试题一

阅读下列说明，回答问题 1 至问题 4，将解答填入答题

纸的对应栏内。

【说明】

某信息系统项目包括如下 10 个活动。各活动的历时、活动逻辑关系如下表所示：

活动名称	所需的时间/天	前置活动
A	2	-
B	5	A
C	2	B、D
D	6	A
E	3	C、G
F	3	A
G	4	F
H	4	E
I	5	E
J	3	H、I

【问题1】

（1）请给出该项目的关键路径和总工期。

（2）请给出活动 E、G 的总浮动时间和自由浮动时间。

【问题2】

在项目开始前，客户希望将项目工期压缩为 19 天，并愿意承担发生的所有额外费用。经过对各项活动的测算发现，只有活动 B、D、I 有可能缩短工期，其余活动均无法缩短工期。活动 B、D、I 最多可以缩短的天数以及额外费用如下：

活动名称	最多可以缩短的天数	每缩短1天需要增加的额外费用/元
B	2	2000
D	3	2500
I	3	3000

在此要求下，请给出费用最少的工期压缩方案及其额外费用。

【问题3】

请将下面（1）～（4）处的答案填写在答题纸的对应栏内。

项目活动之间的依赖关系分为四种：

___（1）___是法律或合同要求的或工作的内在性质决定的依赖关系。

___（2）___是基于具体应用领域的最佳实践或者基于项目的某些特殊性质而设定，即便还有其他顺序可以选用，但项目团队仍默认按照此种特殊的顺序安排活动。

___（3）___是项目活动与非项目活动之间的依赖关系。

___（4）___是项目活动之间的紧前关系，通常在项目团队的控制之中。

【问题4】

假设该项目的总预算为20万元，其中包含2万元管理储备和2万元应急储备。当项目进行到某一天时，项目实际完成的工作量仅为应完成工作的60%，此时的PV为12万元，实际花费为10万元。

（1）请计算该项目的BAC。

（2）请计算当前时点的EV、CV、SV。

（3）在当前绩效情况下，请计算该项目的完工尚需估算（ETC）。

试题二

阅读下列说明，回答问题1至问题4，将解答填入答题纸的对应栏内。

【说明】

A公司中标某系统集成项目，正式任命王伟担任项目经理。王伟是资深的技术专家，在公司各部门具有较高的声望。

接到任命后，王伟组建了项目团队。除服务器工程师小张是新招聘的外，其余项目组成员都是各个团队的老员工。项目中王伟经常身先士卒，亲自参与解决复杂问题，深受团队成员好评。

项目中期，服务器厂商供货比计划延迟了一周。为了保证项目进度，王伟与其他项目经理协商，借调了两名资深人员，随后召开项目会议，动员大家加班赶工。会议上，王伟向大家承诺会向公司申请额外项目奖金。大家均同意加班，只有小张以家中有事、朋友聚会等理由拒绝加班。由于小张负责服务器基础平台，他的工作进度会影响整体进度，所以大家纷纷指责小张没有团队意识。

王伟认为好的项目团队中绝对不能出现冲突现象，这次冲突与小张的个人素养有直接关系。为了避免冲突对团队产生不良影响，王伟宣布立即终止会议并请小张留下来单独谈话。

在沟通中，王伟批评小张缺乏团队合作意识。小张表示他对加班费、项目奖金等不在意，而且他技术经验丰富，很容易找到一份收入不错的工作。他不加班的原因是最近家人、朋友等各种圈子应酬太多。王伟表明如果因为小张的原因导致项目工期延误，会影响小张在团队中的个人声誉，同时更会影响整个项目团队在客户和公司内部的声誉。小张虽不情愿，但最终选择了加班。

【问题1】

管理者的权力来源有5种，请指出这5种权力在王伟身上的具体体现，请将其中的4种具体表现填写在答题纸的对应表格内。

【问题 2】

结合马斯洛需求理论,指出案例中小张已经满足的需求层次,并指出具体表现。如果要想有效激励小张,应该在哪些层次上采取措施?

【问题 3】

(1)结合本案例,请指出王伟针对冲突的认识和做法有哪些不妥?

(2)解决冲突的方式有哪些?王伟最终采用了哪种冲突解决方式?

【问题 4】

结合案例中项目团队的人员构成,请指出该项目采用了哪些组建项目团队的方法?

(三)论文题

试题一　论信息系统项目的范围管理

项目范围管理必须清晰地定义项目范围,其主要工作是要确定哪些工作是项目应该做的,哪些不应该包括在项目中。

请以"论信息系统项目的范围管理"为题,分别从以下三个方面进行论述:

1. 概要叙述你参与管理过的一个信息系统项目(项目的背景、项目规模、发起单位、目的、项目内容、组织结构、项目周期、交付的成果等),并说明你在其中承担的工作(项目背景要求本人真实经历,不得抄袭及杜撰)。

2. 请结合你所叙述的信息系统项目,围绕以下要点论述你对信息系统项目范围管理的认识,并总结你的心得体会:

(1)项目范围管理的过程;

(2)根据你所描述的项目范围,写出核心范围对应的需求跟踪矩阵。

3. 请结合你所叙述的项目范围和需求跟踪矩阵,给出项目的 WBS。

(要求与描述项目保持一致,符合 WBS 原则,至少分解至 5 层。)

试题二　论信息系统项目的风险管理与安全管理

项目风险是一种不确定的事件,一旦发生,会对项目目标产生某种正面或负面的影响。信息系统安全策略是指针对信息系统的安全风险进行有效的识别和评估后,所采取的各种措施和手段,以及建立的各种管理制度和规章等。

请以"论信息系统项目的风险管理与安全管理"为题,分别从以下三个方面进行论述:

1. 概要叙述你参与管理过的信息系统项目(项目的背景、项目规模、发起单位、目的、项目内容、组织结构、项目周期、交付的成果等),并说明你在其中承担的工作。

2. 结合项目管理实际情况并围绕以下要点论述你对信息系统项目风险管理和安全管理的认识。

(1)项目风险管理和安全管理的联系与区别。

(2)项目风险管理的主要过程和方法。

(3)请解释适度安全、木桶效应这两个安全管理中的常见概念,并说明安全与应用之间的关系。

3. 请结合论文中所提到的信息系统项目,介绍你在该项目中是如何进行风险管理和安全管理的(可叙述具体做法),并总结你的心得体会。